Dibujos: Carlos Pérez Aznar
Fotografías: José Antonio Carretero

© Karto Gimeno (José Antonio Carretero)
© ItsImagical 2009
   Plataforma Logística PLA-ZA
   Calle Osca, 4. 50197 Zaragoza
   www.imaginarium.es

   I.S.B.N.: 978-84-9780-552-0
   Impreso en China

Jugando con pinzas

Karto Gimeno

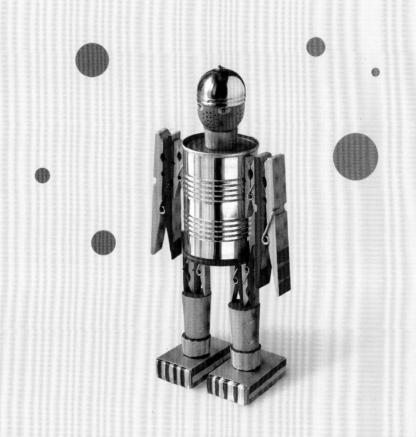

Jinete a caballo

Dibuja y recorta la silueta de un caballo en un trozo de cartón. Las patas serán dos pinzas que debes pintar de un color parecido al cuerpo.

En otra pinza pinta la cara, la camisa y la parte de arriba del sombrero del jinete.

Cuando la pintura se haya secado bien, es el momento de ponerle las patas al caballo y de montar en el lomo al jinete. Si haces varios, puedes organizar apasionantes carreras.

Para que tenga nariz tienes que hacer un canuto con un trocito de papel. El ala del sombrero debes hacerla de plastilina y rodear la parte de arriba de la pinza.

Garza

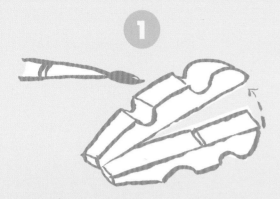

1 Pega dos medias pinzas sobre su cara plana y píntalas.

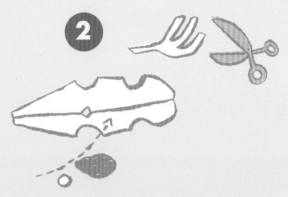

2 Haz los ojos con dos bolitas de plastilina. El copete recórtalo de un trocito de papel.

3 Moldea en plastilina un cuerpo. No olvides las alas. Para la cola debes utilizar tres medias pinzas decoradas, más pequeñas.

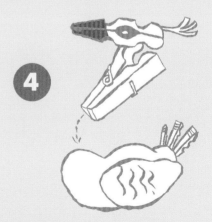

4 Una pinza entera hará de cuello. Ahora sólo tienes que pinzar la cabeza y clavarlo todo en el cuerpo.

Sol

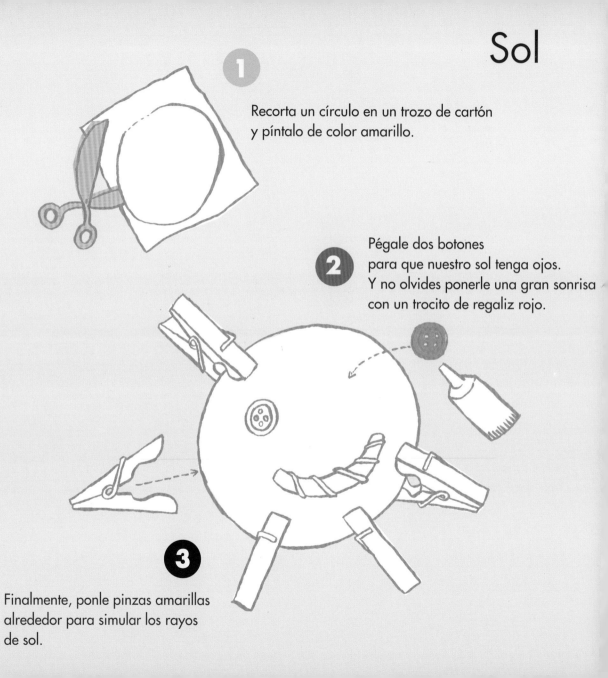

1 Recorta un círculo en un trozo de cartón y píntalo de color amarillo.

2 Pégale dos botones para que nuestro sol tenga ojos. Y no olvides ponerle una gran sonrisa con un trocito de regaliz rojo.

3 Finalmente, ponle pinzas amarillas alrededor para simular los rayos de sol.

Cantantes

1 Busca una cajita de cartón algo mayor que las pinzas y recórtale un agujero con forma de pantalla de televisión.

2

Píntala y decórala con los botones de cartón, unas chinchetas que hacen de patas y una antena de plastilina y alambre.

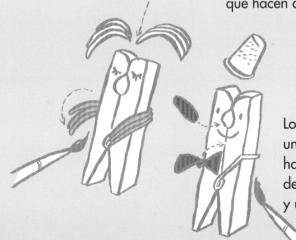

3

Los cantantes son dos pinzas a las que les pintaremos unos trajes de gala. Con lanas de colores puedes hacer el pelo y el chal de ella. Para él, un dedal hará de sombrero, un caramelo gusanito será la nariz y un lacito de papel en el cuello.

Vaso de lápices

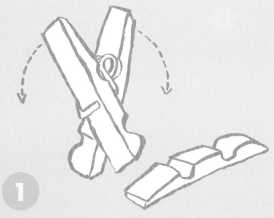

1 Separa las mitades de diez o doce pinzas.

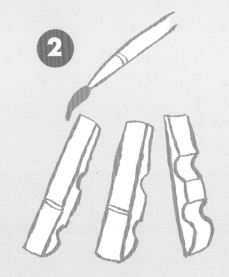

2 Píntalas y decóralas con colores o dibujos que te gusten.

3 Cuando se haya secado bien la pintura, pégalas alrededor de un vaso de la misma altura que las pinzas.

Mariposas

1 Elige un papel con bonitos colores. Recorta las alas en dos piezas.

2 Colorea una pinza y pégale dos trozos de palillo que hagan de antenas. En la punta pínchales dos bolitas de plastilina.

3 Abre la pinza y mete dentro las alas.

Camaleón

1 Recorta y pega una larga tira de papel para la cola. Y otra pequeñita para la lengua.

2 También debes recortar las patas en una cartulina. Dóblalas y pégalas en la parte de abajo de la pinza.

3 Ya puedes colorear todo con vivos colores. Un buen camaleón debe tenerlos.

4 Por último, moldea en plastilina unos grandes ojos saltones, haciéndoles en el centro un agujerito con un rotulador negro.

Robot

1

En una bola para hacer infusiones pinta una cara y pégala a una rodajita de corcho de botella pintado de plata.

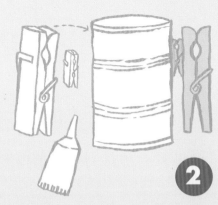

2

En una lata de conserva vacía invertida, pega dos pinzas pequeñas y, sobre ellas, otras dos grandes.

3

Sobre dos cajas de cerillas, pega una rodaja de corcho y, encima, un corcho entero de botella.

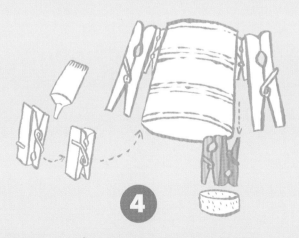

4

Pega juntas dos pinzas pequeñas. Haz encajar la de fuera en la parte hueca de la lata.

Serpiente

1 Pinta una pinza con motivos étnicos. Pégale a los lados dos caramelos rellenos de chocolate para los ojos.

2 Recorta y pinta un trocito de papel para la lengua.

3 Píntale también nariz y colmillos.

4 Engancha una pinza con otra hasta completar la longitud del cuerpo. No olvides terminarla con una pinza pequeñita en la cola.

Portarretratos

Recorta en una cartulina gruesa el cuerpo del personaje.

Pégale dos pinzas que hagan de brazos.

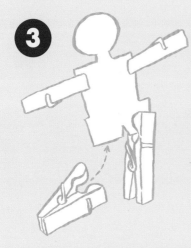

Cuando se haya secado el pegamento ponle otras dos pinzas para las piernas y píntalo todo.

Ahora busca las fotos o dibujos que te gustan y sujétalos en los brazos.

Perro

1

Elige cuatro pinzas grandes que se sujeten bien entre sí y píntales las manchas del perro.

2

Recorta en papel unas largas orejas que cuelguen a ambos lados de la cabeza.

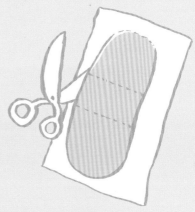

3

En el morro pega unos dientes que antes hayas dibujado en un papel. Y ponle una bola de plastilina para la nariz.

4

El ojo y las pezuñas también puedes hacerlos de plastilina o papel maché.

Peces

1 Recorta en papel las aletas y la cola de cada pez.

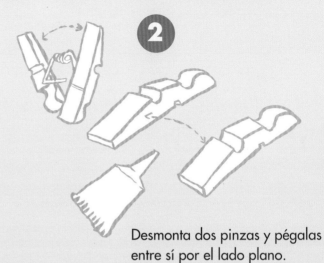

2 Desmonta dos pinzas y pégalas entre sí por el lado plano.

3 Antes de juntar las pinzas, introduce entre ellas las aletas y la cola.

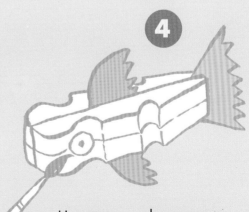

4 Una vez seco el pegamento, píntale las escamas y los ojos.

Avión

1

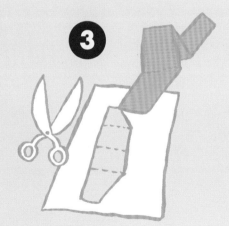

Separa las dos mitades de una pinza.
Píntalas para que hagan de alas.

2

Pégalas una encima y otra
debajo de la pinza que será
el cuerpo del avión.

3

Recorta en cartulina los alerones
de la cola y pégalos.

4

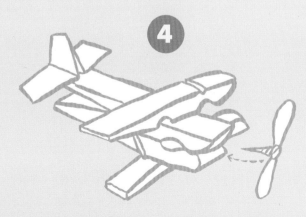

Dibuja y recorta la hélice en un trozo de cartulina.
Clávala en un tornillo y ponla en el morro del aeroplano.

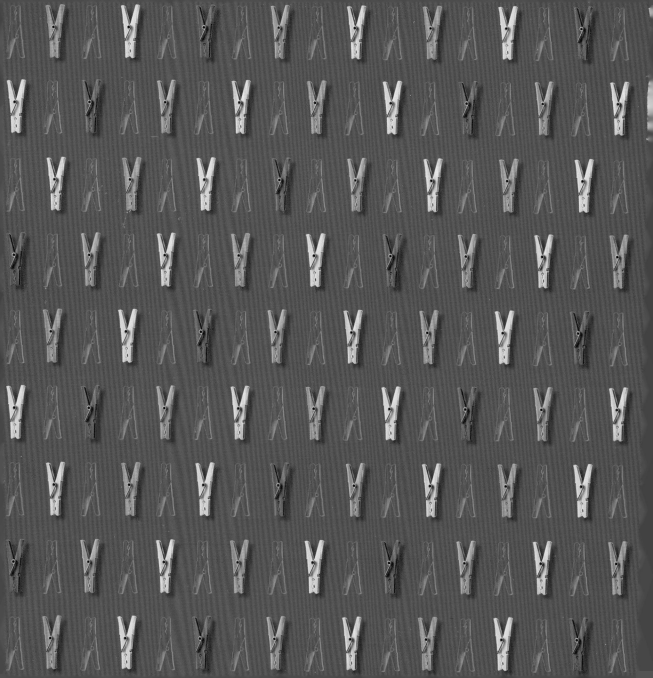